PHYSIONOMIE DE PARIS AU MOIS DE MARS 1815

ÉPISODES
DU
RETOUR DE BONAPARTE

PARIS

TYPOGRAPHIE DE E. PLON ET Cie,

8, RUE GARANCIÈRE

1878

ÉPISODES

DU

RETOUR DE BONAPARTE

EN 1815

PHYSIONOMIE DE PARIS AU MOIS DE MARS 1815

ÉPISODES

DU

RETOUR DE BONAPARTE

PARIS

TYPOGRAPHIE DE E. PLON ET Cie,

8, RUE GARANCIÈRE

1878

Il y a soixante-trois ans que se produisit un événement qui fut bien funeste à la France : le retour de l'ex-empereur Napoléon en rupture de ban, à la tête d'un bataillon de soldats de l'ex-garde impériale que l'imprévoyance des souverains alliés lui avait permis d'emmener à l'île d'Elbe.

J'avais vingt-cinq ans. J'étais royaliste par tradition de famille; je le suis encore par conviction.

Je prenais mes repas à l'hôtel d'Argenteuil, que le prolongement de la rue de Rivoli a fait disparaître.

La même table réunissait chaque jour des officiers de la maison du Roi, des militaires en demi-solde et des voyageurs accidentellement logés dans l'hôtel. On y discutait librement et sans aigreur les événements politiques. Je prenais peu de part à des controverses qui cependant m'intéressaient, et je notais chaque soir ces discussions plus ou moins opposées à mes sentiments personnels. Je parcourais en outre les places publiques, observant les manifestations qui s'opéraient, notamment au Carrousel, dans les jardins des Tuileries et du Palais-Royal. Je visitais aussi certains théâtres populaires.

La publicité de ces notes n'aurait pas été sans péril pour ma position, et je les avais en quelque sorte oubliées, lorsque récemment, mettant de l'ordre dans mes archives, je les ai retrouvées.

A la sollicitation de quelques amis, je les livre à l'impression telles à peu près que je les avais écrites.

R. Dareste de la Chavanne.

Mars 1878.

PHYSIONOMIE DE PARIS AU MOIS DE MARS 1815

ÉPISODES
DU RETOUR DE BONAPARTE

Dimanche soir 5 mars. — La cour reçoit l'avis que Bonaparte, en rupture de ban, est débarqué en Provence, avec les quatre ou cinq cents soldats de son ancienne garde qui l'avaient suivi jusque dans l'île d'Elbe.

Lundi 6. — J'apprends, sur le soir, que Monsieur, comte d'Artois, est parti en hâte pour Lyon. Ce départ précipité est la conséquence de la nouvelle télégraphique du retour de l'ex-empereur.

Mardi 7. — Le *Moniteur* (journal officiel) contient une proclamation du Roi annonçant que Bonaparte a envahi le département du Var.

Stupeur dans Paris.

Le partage des opinions se manifeste.

L'armée est pour Bonaparte.

Mercredi 8. — On est plus calme. L'audace de l'ex-empereur étonne ; on croit y voir de la démence.

Jeudi 9. — Revue de la garde nationale ; elle fait éclater son dévouement à la personne du Roi. On peut croire que Louis XVIII est véritablement aimé.

Vendredi 10. — Rien de remarquable.

Samedi 11. — On lit dans le *Moniteur* que Bonaparte est attendu à Lyon.

Les amis de l'ordre n'entrevoient l'avenir qu'avec anxiété. Je commence à désespérer de la cause royale, et j'éprouve un vif sentiment d'affliction.

Dans la soirée, on répand le bruit que le duc d'Orléans a repoussé Bonaparte pendant dix heures.

Dimanche 12. — Les nouvelles alarmantes se succèdent. Le journal officiel ne confirme pas le bruit de la veille au sujet de l'avantage attribué au duc d'Orléans.

Le peuple, que le mauvais temps n'arrête point, se porte en foule au Palais-Royal et dans la cour des Tuileries sous les fenêtres des appartements du Roi. Partout la populace est en mouvement. Quelques voix isolées crient : Vive l'empereur! On maltraite ceux qui avaient ainsi manifesté leur mauvaise pensée. Une femme est presque assommée à coups de parapluie. Un garde national fend d'un coup de sabre l'épaule de l'un des perturbateurs. Celui-ci et un autre également blessé sont traînés jusqu'au corps de garde, où ils expirent, dit-on (ce qui est probablement exagéré). Une dizaine d'individus sont arrêtés dans la cour et dans le jardin des Tuileries.

Le *Moniteur* a fait connaître la défection des généraux Lallemand et Lefebvre-Desnouettes; mais, sur le soir, on apprend que les chasseurs royaux qui avaient suivi Desnouettes sont rentrés à Cambrai avec le major Lyon.

La police affiche l'annonce des dispositions faites par le maréchal Macdonald en deçà de Lyon.

Je parcours le Palais-Royal à la nuit. Il y a beaucoup de curieux, mais sans agitation.

Je vais au Carrousel. Les attroupements y sont facilement dispersés.

Paris est tranquille.

On a doublé les postes au château. La troupe y fait le service conjointement avec la garde nationale et la maison du Roi. Quatre canons sont placés dans la cour du Carrousel. (On les retire le matin.)

Le duc d'Orléans est revenu à Paris dans la journée. On parle de trahison.

Le duc de Feltre a remplacé le maréchal Soult au ministère de la guerre.

Des adresses de corps constitués et des proclamations du gouvernement se succèdent.

Lundi 13. — Monsieur, comte d'Artois, est rentré au château à trois heures du matin.

Le duc de Feltre annonce, en séance de la Chambre des députés, que deux généraux (les frères Lallemand) sont arrêtés par la gendarmerie.

La foule se porte comme précédemment

aux Tuileries, mais le calme règne là comme ailleurs. — On affirme dans quelques groupes du Palais-Royal que Soult sera fusillé. Le bruit des salons est, au contraire, que le Roi lui a dit de reprendre son épée, et qu'il lui donne des témoignages authentiques de confiance.

On fait un appel aux volontaires. Beaucoup se présentent. L'École de droit offre de marcher.

Les gens tenant au gouvernement laissent entrevoir qu'ils désespèrent du maintien de l'ordre. En apparence du moins, la population est tranquille.

Quelques personnes, vers la fin de la journée, affirment que Bonaparte est entré à Lyon [1].

[1] Nous tenons d'un officier du 20e régiment de ligne stationné à Lyon le fait suivant.

Le maréchal Macdonald eut avec les officiers de ce régiment la conversation ci-après :

« Souvenez-vous, messieurs, des maux que Bonaparte a

Mardi 14. — Le corps diplomatique a protesté contre l'entreprise de Bonaparte.

Le Roi accorde des distinctions aux dé-

attirés sur notre patrie. A qui devons-nous son invasion, ses déchirements? A lui seul. Oui, c'est en haine de sa domination que l'Europe s'est armée. Veuillez ajouter foi à mes paroles. J'ai servi la cause de Bonaparte jusqu'au dernier moment. J'ai eu, à son sujet, des conférences avec Schwarzemberg. Jamais les puissances continentales ne traiteront avec lui. Opposez-vous à son passage; sinon, des maux inouïs viendront à sa suite. Songez-y bien; la guerre recommencera, et l'armée n'est point organisée. Nous n'avons point d'artillerie. »

« Quelques voix. — Les Bourbons l'ont livrée aux ennemis.

« Le maréchal. — Sur quoi portent vos plaintes? Vous êtes employés et régulièrement payés.

— « Vingt-cinq mille de nos frères d'armes souffrent. Notre Légion d'honneur est avilie.

« Le maréchal. — Messieurs, puis-je compter que vous remplirez vos devoirs en hommes d'honneur?

« Plusieurs voix. — Nous ne tremperons pas nos épées dans le sang de nos frères...

« Le maréchal. — Eh bien! puisque vous méconnaissez l'autorité de votre général, il ne lui reste plus qu'à vous cacher sa trop vive émotion... Plaise à Dieu que la France survive aux désastres dont elle est menacée! »

Peu d'heures après, trois régiments acclamèrent l'usurpateur.

bris de l'ancienne garde impériale. Il élève au grade de sergent tous les soldats et à celui d'officier tous les sergents.

Aux Tuileries, tout paraît calme. A la Bourse, les fonds publics sont en hausse.

Le maréchal Macdonald arrive de Lyon.

On sait déjà combien sa conduite a été honorable. Il est salué par des acclamations publiques. Il y répond par ces mots : « Criez : Vive le Roi ! mes amis. »

Mercredi 15. — Le calme continue. Nous apprenons que Bonaparte a quitté Lyon, le 11, à midi, pour se porter en avant.

On affirme que les princesses d'Orléans sont parties, mais le fait n'est pas exact.

La garde nationale veille attentivement au maintien de l'ordre.

Les enrôlements se succèdent. L'École normale a suivi l'exemple donné par l'École de droit. Cinq cents volontaires sont mandés à Vincennes pour y recevoir une organisation militaire. Pas de fusils pour les armer. Aucun ordre sur leur destination ultérieure. La réunion est ajournée au 17. Évidemment on ne sait pas profiter de l'élan de la population.

Macdonald retourne à l'armée.

La hausse des fonds publics continue.

Jeudi 16. — Le *Moniteur* proclame que les souverains assemblés au congrès de Vienne ont déclaré rompre le traité fait avec l'ex-empereur et l'ont mis au ban des nations.

Le Roi se rend à la Chambre des députés. Il y est reçu avec vénération et enthousiasme. Le discours qu'il prononce émeut vivement l'assemblée.

Monsieur, comte d'Artois, passe en revue toutes les légions de la garde nationale parisienne, dans le but, dit-on, de provoquer des enrôlements volontaires. Cette inspection est sans résultat.

Les administrations civiles et plusieurs corporations décident que les employés qui marcheront contre Bonaparte conserveront leurs grades et émoluments.

J'apprends, de bonne source, que le ministre des finances a mis à la disposition du gouvernement quatre-vingt-cinq millions en numéraire. C'est plus qu'il n'en aurait fallu, en d'autres temps, pour envahir la Savoie ou le Palatinat.

Bonaparte laisse passer les courriers du Midi.

Des lettres reçues de Lyon disent qu'il s'est montré au théâtre, le 10, jour de son arrivée; que la populace a promené son buste en exigeant, avec menaces, que toutes les maisons fussent illuminées. Excités sans doute au pillage, des paysans sont arrivés par bandes, munis de besaces pour emporter le butin, et demandant aux troupes le signal pour pénétrer dans les habitations. On dit qu'aux vociférations acclamant Bonaparte se sont mêlés les cris de *Vive l'enfer!* Cela n'est guère vraisemblable; mais l'horrible et le ridicule sont le propre des orgies populaires. Toutefois, la police de la ville et la présence des troupes imposent aux malintentionnés, qui, trompés dans leur attente, se dispersent.

Le lendemain, Bonaparte passe en revue toutes les troupes défectionnaires, affectant les manières et le costume négligé qui autrefois l'ont popularisé parmi les soldats.

A Paris, les amis des généraux Lallemand sont inquiets sur leur sort. On craint qu'ils n'aient été passés par les armes.

Même incertitude au sujet du maréchal Soult.

A l'inspection du matin, aucun des gardes nationaux n'est sorti des rangs pour s'enrôler comme volontaire, ne voulant peut-être pas se mettre en évidence; mais beaucoup se sont fait inscrire chez divers commandants. Leur nombre est plus considérable qu'on eût dû le présumer.

Le *Moniteur* avait annoncé des troubles à Mâcon, à Dijon et dans d'autres lieux. Les lettres reçues par le commerce n'en font aucune mention.

Des volontaires royaux se promènent dans le jardin du Palais-Royal. On les regarde sans affectation.

Le duc d'Orléans part. Il va, dit-on, exercer un commandement dans le nord du royaume.

Une députation du Corps législatif est admise le soir auprès du Roi. L'opinion des députés est généralement peu favorable au ministère, et surtout à M. de Blacas, ministre de la maison du Roi.

Vendredi 17. — Les volontaires royaux se rendent à Vincennes. L'École de médecine a suivi l'exemple donné par l'École de droit; pourtant il est facile d'entrevoir que le zèle des étudiants ne sera pas utilisé. L'horizon politique se rembrunit.

Le nouveau ministre de la guerre a dit ce matin aux gardes du corps qui ont été de service au château pendant la nuit : « Vous pouvez vous débotter et dormir tranquillement. Tout ira bien. Le général Ameil, chef de l'avant-garde de Bonaparte, est prisonnier. Il est dans mon cabinet, et il a fait des révélations importantes. »

Samedi 18. — La distribution du *Moni-*

teur est retardée. Les autres journaux assurent que Bonaparte est entré le 16 à Autun.

Départ des troupes de la première division militaire, pour former un camp à Melun.

Il est question d'organiser un second camp à Péronne. Le duc d'Orléans s'est dirigé sur ce point, où, selon toute apparence, on se réunira en cas de revers. Alors Paris restera ouvert à Napoléon. Il y entrera sans obstacle. Les forces militaires sont pour lui ; l'élan part des rangs inférieurs et entraîne ceux qui devraient le maîtriser. Les généraux qu'on oppose à l'ex-empereur, ne pouvant pas compter sur leurs troupes, évitent la rencontre des siennes. Ils observent ses mouvements, occupent, après son passage, les pays qu'il a traversés, et semblent former son escorte [1].

[1] Dans sa marche sur Paris, l'ex-empereur devançait

Soult n'est point en disgrâce.

Les fonds publics sont en baisse.

De nombreuses divisions se manifestent. On peut classer les partis de la manière suivante :

1° *Le parti royaliste*. Il domine parmi les gens d'un certain âge et surtout parmi les femmes. Leur esprit, quoique toujours exalté pour la gloire militaire, s'est révolté contre les brutales exigences de la conscription. Ce parti s'appuie aussi sur quelques jeunes hommes élevés comme moi au milieu des troubles, dans la haine des révolutionnaires.

2° *Le parti bonapartiste*. C'est celui des

souvent son escorte, et nous savons d'une manière bien positive que, sans une méprise fâcheuse, il eût été enlevé non loin d'Auxerre, en même temps que le général Ameil, par un officier supérieur fort entreprenant, M. Aug... d'A..., que la cour avait envoyé à la découverte avec des pouvoirs sans limite.

militaires et, sauf quelques exceptions, de toute la jeunesse presque imberbe qui a été exercée dans les lycées à marcher au son du tambour et à célébrer les hauts faits de l'empereur éphémère dont la domination a semblé vouloir égaler celle de Charlemagne.

3° *Le parti orléaniste*, presque imperceptible.

4° *Le parti républicain*, peu nombreux, composé surtout d'anciens jacobins, craignant la rancune des Bourbons, mais détestant Bonaparte, qu'ils regardent comme un transfuge. Quant à lui, grandi par eux, il les a en horreur. Ce parti observe les trois autres; leur déchirement peut lui être favorable.

Il est cependant un cinquième parti, considérable, quoique timide, composé de tous les gens modérés amis de l'ordre et de la tranquillité publique, soumis au pouvoir lorsqu'il est régulièrement établi et qu'il s'exerce dans les limites de la raison et du droit naturel, se faisant honneur de le servir avec franchise et fidélité, voyant avec pitié les fanatiques pour ou contre, méprisant les aboyeurs et surtout les traîtres, quelle que soit la cause qu'ils aient trahie. Ce parti, auquel mes souvenirs de famille me rattachent, n'était pas incompatible avec le maintien de Napoléon pendant les premières années de l'Empire. Aujourd'hui son retour m'est odieux et me met en communauté avec les royalistes qui défendent l'autorité légitime.

Plaise à Dieu que ce parti survive tôt ou tard à tous les autres!

L'horizon s'obscurcit de plus en plus.

Dimanche 19. — Suivant le *Moniteur*, Bonaparte a quitté Autun le 19.

Des nouvelles particulières font connaître les événements de Grenoble, où le premier exemple de la trahison a été donné par le colonel Labédoyère, qui devait aux bontés de la famille royale sa fortune et sa position. Elles publient aussi les irrésolutions et la défection du maréchal Ney à Lons-le-Saulnier. On connaît même la proclamation dans laquelle il dit à ses troupes, le 13 mars : « *La maison de Bourbon a cessé de régner.* »

On apprend, dans la soirée, que cinq cents chevaux formant l'avant-garde des révoltés sont à Fontainebleau.

Une démonstration généreuse faite sur ce point par une poignée de gardes du corps n'a produit sur les autres troupes royales aucun entraînement. Les régiments sortis de Paris dans la journée ont aussitôt proclamé l'empereur. Le Roi, informé de cet événement, part à une heure de la nuit, le 20 mars. Je tiens d'un témoin oculaire qu'au moment de monter en voiture, il a dit avec sérénité aux gardes nationaux qui lui présentaient les armes : « *Au revoir, mes amis.* »

M. de Chateaubriand est monté dans la voiture du Roi.

Lundi 20. — Le *Moniteur* annonce le départ du Roi, et contient la proclamation qui dissout les Chambres. On ne sait pas sur quel point le Roi s'est dirigé. On croit généralement que c'est sur Péronne.

A Saint-Denis, il a traversé les postes de Bonaparte, qui lui ont rendu les honneurs militaires et ont laissé le champ libre à ses équipages. Ceux du duc de Berry sont momentanément arrêtés.

A dix heures du matin, deux officiers généraux se montrent dans le jardin des Tuileries avec la cocarde tricolore. Ils sont hués, poursuivis et menacés. La garde nationale les soustrait à l'effervescence des royalistes.

Quelques détachements des troupes qui ont acclamé Bonaparte entrent dans Paris. A deux heures, l'artillerie occupe la cour des Tuileries, et le pavillon tricolore flotte sur le château et sur la colonne de la place Vendôme. Ordre est donné à la garde nationale de prendre la cocarde aux trois couleurs. Quelques bourgeois la portent sur des chapeaux ronds.

Dès le matin, on se dit que Bonaparte entrera dans le palais le jour même. Cela doit être. Fataliste par entraînement ou par calcul, il a toujours invoqué la coïncidence des anniversaires, et le 20 mars 1811 fut marqué par la naissance de son fils.

En effet, Bonaparte est rentré dans Paris, mais il a trompé les curieux qui attendaient son passage.

Peu rassuré sur l'accueil qui lui serait fait, c'est à la faveur de la nuit qu'il s'est dirigé, presque incognito, vers l'habitation de nos rois. Il y arrive à neuf heures. Déjà la garde impériale avait relevé plusieurs postes, et un bataillon de trois cents officiers sans emploi, réunis par le général Exelmans, occupait l'entrée principale. Les troupes arrivées dans la journée bivaquaient sur le Carrousel.

On affiche et l'on vend les proclamations de Napoléon, empereur des Français, etc., etc. On fait beaucoup de tapage.

La rente est à 73 francs.

Mardi 21. — Les journaux ont changé de couleur.

On dit Louis XVIII arrivé à Lille.

On redoute une invasion nouvelle des Prussiens et même des Autrichiens.

Bonaparte passe en revue douze mille hommes environ.

Dans les groupes populaires, on me fait remarquer certains individus qui ont figuré parmi les révolutionnaires de 1793 et années suivantes.

Le *Moniteur* contient les premiers décrets de Bonaparte. Ceux de Lyon datés du 13 mars abolissent la noblesse et les ordres de Saint-Louis, du Saint-Esprit et de Saint-Michel.

Les nouveaux décrets dissolvent la Chambre des pairs et celle des députés. Ils annulent les changements et nominations faits par Louis XVIII dans la Légion d'honneur. Tous les tribunaux sont rétablis sur l'ancien pied. Il est enjoint aux émigrés de quitter le territoire de l'Empire dans quinze jours. L'État reprend les biens nationaux rendus à leurs anciens propriétaires. Les émigrés placés dans les armées de terre et de mer en sont expulsés. Enfin, les colléges électoraux seront réunis en champ de mai pour délibérer sur la forme du gouvernement.

Ici se termine mon journal. J'ajoute cependant ce que j'ai su plus tard.

Le maréchal Macdonald avait réussi à faire rentrer dans leurs quartiers les troupes de la première division militaire.

Plusieurs chefs de corps paraissent avoir été trompés. Ils ont cru jusqu'au dernier moment qu'ils pouvaient compter sur l'obéissance des militaires. Le général Dupont, disgracié sous Napoléon, arrivait à Montargis. Son chef d'état-major, le général Baron de Harvesse, écrivait, le 18 mars, à un de ses amis : « Nous arrivons avec dix mille hommes. Tout va bien. » Ces dix mille hommes ont suivi le torrent.

M. Carbonnel, un des aides de camp du

ministre de la guerre, est conduit vers Bonaparte à Châlons, le 14. L'ex-empereur le reconnaît et cause avec lui en passant une revue. « Voulez-vous rester avec moi? — Je ne le puis. — Eh bien, nous nous verrons à Paris. J'y serai le 19 ou le 20. A propos, on dit que je suis cuirassé... Voyez. (Il lui montre sa poitrine.) Je ne crains rien au milieu des Français. »

Paris, Typ. E. Plon et Cie,
rue Garancière, 8.

PARIS
Typographie de E. Plon et Cie

www.ingramcontent.com/pod-product-compliance
Ingram Content Group UK Ltd.
Pitfield, Milton Keynes, MK11 3LW, UK
UKHW032026260826
14628UKWH00006B/2748

9 782019 640330